LA IMPORTANCIA DEL PERDÓN

CAROL & JOHN ARNOTT

Buenos Aires - San José - New York

La Importancia del Perdón
Carol & John Arnott

Publicado por *Editorial Peniel*
Boedo 25 (1206) Buenos Aires - Argentina
Tel/Fax: 4981-6178 / 6034
web site: www.editorialpeniel.com
e-mail: penielar@peniel.com.ar

Publicado originalmente con el título:
The Importance of Forgiveness
by *Sovereign World*
Copyright © John Arnot

ISBN N: 987-9038-30-4
Producto N: 316049

Ninguna parte de esta publicación puede ser reproducida en ninguna forma sin el permiso escrito de Editorial Peniel.

Edición N° I Año 2000

Impreso en Colombia
Printed in Colombia

CONTENIDO

Prólogo 5

CAPÍTULO 1
La Misericordia Triunfa Sobre el Juicio 7

CAPÍTULO 2
Escoger Perdonar 23

CAPÍTULO 3
Carol Arnott
Libertados de los Frutos del Juicio 35

CAPÍTULO 4
John Arnott
Es Tiempo de Perdonar 45

PRÓLOGO

"La importancia del perdón" es un mensaje crucial para cada creyente.

Este mensaje lo hemos predicado en diversas ciudades alrededor del mundo, en todas las culturas, y cada vez hemos visto el resultado de vidas transformadas.

Hemos visto que aunque hay muchos cristianos que tienen algún conocimiento básico de esta doctrina, no siempre saben cómo aplicar las verdades bíblicas a sus vidas. Como consecuencia, siguen siendo afectados por problemas de los cuales podrían ser libres.

Como resultado, hemos contemplado sanidades tanto físicas como emocionales en personas que han escuchado este mensaje y han puesto por obra estas palabras que aquí compartimos.

Experimentará gran libertad personal al abrir su corazón mientras lee este libro y camina por la senda del perdón, otorgándolo a aquellos que han herido y pecado contra usted.

El perdón es algo que necesita ser incorporado a nuestro andar diario con Dios.

Que Dios los bendiga al abrir su corazón a este mensaje de libertad.

Sinceramente,
Carol & John Arnott
Pastores principales de la iglesia "Toronto Airport Christian Fellowship".

CAPÍTULO 1

LA MISERICORDIA TRIUNFA SOBRE EL JUICIO

El perdón es la clave de la bendición. El perdón y el arrepentimiento abren nuestros corazones y permiten que el río de Dios fluya libremente en nosotros. Necesitamos permitirle al Espíritu Santo recordarnos aquellas cosas que necesitan ser resueltas en nuestros corazones.

Tres cosas son vitales para que el Espíritu fluya poderosamente en nuestras vidas y en el mundo que nos rodea.

Primeramente, necesitamos una revelación de la grandeza de Dios. Necesitamos saber que absolutamente nada es imposible para Él (Lucas 1:37). Segundo, necesitamos una revelación de su amor, de su cuidado y de cómo está absolutamente comprometido a amarnos eternamente (Jeremías 31:3). Me encanta decirle a la gente: Dios nos ama tal como somos, pero nos ama demasiado como para dejarnos tal como somos.

Finalmente, necesitamos una revelación de cómo podemos caminar en ese amor y darlo a otros. Un corazón que es libre tiene tiempo y recursos para otros.

HERIDAS DESGASTANTES

He pastoreado por diecisiete años. Y una cosa que he descubierto es que las heridas y la destrucción en los corazones y las vidas de las personas minan mucha de su energía y de sus recursos. Gastan tanta energía simplemente tratando de sobrevivir de un día a otro, que les queda muy poco para dar a los demás.

Cuando le pedimos a las personas que crean en Dios para las misiones, el ofrendar o recibir milagros, muchos dicen: Difícilmente puedo ver claro cómo llegar hasta mañana, mucho menos como para entregarme a Dios totalmente. La clave para nosotros, yo creo, está encerrada en el asunto del perdón y el arrepentimiento.

Creo que Dios nos tiene proféticamente en el lugar de la era. El Señor está rompiendo la dura cáscara y preparándonos para convertirnos en alimento para las naciones. Cuando el trigo es separado de la paja, es entonces cuando está listo para ser usado.

La gente le preguntó a Juan el Bautista si él era el Mesías y él les contestó:
"...*Yo a la verdad os bautizo en agua; pero viene uno que es más poderoso que yo, de quien no soy digno de desatar la correa de su calzado; él os bautizará en Espíritu Santo y fuego*" (Lucas 3:16).

¡Cuánto amamos esta Escritura! ¿Cuántos mensajes hemos escuchado sobre el recibir el Espíritu Santo? Pero leamos el versículo que sigue:
"*Su aventador está en su mano, y limpiará su era, y recogerá el trigo en su granero, y quemará la paja en fuego que nunca se apagará*" (v. 17).

El Señor nos está diciendo, desde el momento que nos entregamos a Él, que Él se compromete a quemar la paja de nuestras vidas. ¿Estás dispuesto a dejarle hacer eso? ¿Estás seguro?

...Amarás al Señor tu Dios con todo tu corazón, y con toda tu alma, y con toda tu mente. Este es el primero y grande mandamiento. Y el segundo es semejante: Amarás a tu prójimo como a ti mismo (Mateo 22:37-39).

Muchas palabras proféticas están siendo dadas respecto a misiones y evangelismo. Creo que los primeros misioneros fueron dispersados a causa de la persecución. Pero los misioneros y evangelistas que Dios está enviando ahora están yendo porque son dispersados por el amor incondicional de Dios.

Es el amor de Dios que nos constriñe y nos persuade con motivaciones puras y rectas delante del Señor. Queremos salir, amar y servir y ver entrar la gran cosecha, la cosecha de los últimos tiempos. Con este mandamiento del Señor, no nos alcanzan las fuerzas para tratar de mantener bajo control nuestros asuntos o problemas personales.

Pensamientos y Palabras de Crítica

Las cosas negativas en nuestras vidas nos bloquean para servir y amar a otros. Nuestros pensamientos y nuestras palabras pueden estorbarnos para movernos libremente en la gracia de Cristo. Pablo habló de la importancia de esto:

"Porque las armas de nuestra milicia no son carnales, sino poderosas en Dios para la destrucción de fortalezas, derribando argumentos y toda altivez que se levanta contra el conocimiento de Dios, y llevando cautivo todo pensamiento a la obediencia a Cristo (2 Corintios 10:4-5).

Hace algunos años ofrecimos un curso titulado Puro de Corazón, escrito por Mark Virkler, de Buffalo, New York. Este curso fue de un valor incalculable para mí. Cambió los asuntos de la vida del área de lo teórico y lo teológico, al área del corazón.

Nunca olvidaré el segundo capítulo: Discerniendo al Acusador del Consolador. En él, Mark establecía algo grandioso: Que cada cosa y pensamiento negativo provenían siempre del enemigo, y cada pensamiento positivo, que daba vida, que edificaba, era del Espíritu Santo. El enemigo es siempre negativo y el Espíritu Santo es siempre positivo.

Ya que en esos días apenas estaba aprendiendo cómo escuchar la voz de Dios, no me daba cuenta cuán frecuentemente Dios habla a nuestros pensamientos. Yo creía que si éramos diligentes en orar y ayunar, de vez en cuando podríamos escuchar su voz de manera espectacular.

Sin embargo, yo no sabía que Dios nos habla a través de pensamientos comunes. Nunca se me ocurrió que hubiera una pequeña voz detrás de mí diciendo: *...Este es el camino, andad por él* (Isaías 30:21).

Al aprender que Dios nos habla de esta manera no fue gran sorpresa entender que el diablo nos habla de esta manera también. Fácilmente puedes oírle. ¿Alguna vez le has escuchado susurrarte en el oído? Pero Dios, que es mucho más poderoso, está hablándote todo el tiempo también. Mark desarrolló todo el tema. El acusador acusa, el consolador consuela. Sencillo, pero profundo. Mark ha descubierto en su corazón y en su vida como creyente que el ochenta por ciento de sus pensamientos eran negativos, críticos y acusadores, y que sólo el veinte por ciento eran positivos. ¡Ochenta por ciento negativos!

Para reforzar estas estadísticas, nos aplicó pequeñas pruebas. Los resultados no sólo confirmaron que el ochenta por ciento de los pensamientos de la clase eran negativos, sino que también el ochenta por ciento de mis pensamientos eran negativos. Me golpeó el corazón tan fuerte que oré al Señor: ¡Dios, esto es completamente inaceptable, completamente! ¡No puedo continuar mi vida cediéndole al enemigo, al acusador, el ochenta por ciento de mi mente! ¿Qué de ti?

Cuando escuchas las conversaciones de los cristianos y cuando escuchas las conversaciones del mundo, encuentras que tienen el mismo problema. ¿De qué habla la gente? Hablan de sus injusticias, repiten lo que la gente ha hecho o les han hecho. Cuentan acerca de cómo han sido heridos. Y dan su versión de cómo son las víctimas y los demás los culpables en herirlos y maltratarlos.

Así que estamos en esta situación: el ochenta por ciento del tiempo nuestros pensamientos son negativos y de juicio, pensamientos que son en realidad del enemigo. Y nos asombramos de por qué no disfrutamos más de las bendiciones de Dios.

Recuerdo haber dicho: Oh Señor, tú sabes que necesito que me ayudes con esto. Necesito que me des una punzada cada vez que mi mente empiece a ser negativa o a criticar a las personas, porque no quiero hacerlo, Señor. Yo sabía que no tenía el poder, ni la disciplina para lograrlo. Tenía miedo de prometerle que pararía eso. Necesitaba un milagro que transformara mi corazón y mis pensamientos, de esa manera mis pensamientos podrían ser positivos y darían vida.

Escoger Hablar Vida

En Génesis 3 encontramos la historia de dos árboles singulares en el Jardín del Edén. He pensado en ellos por años. En el Jardín crecían dos árboles: el árbol de la vida y el árbol del conocimiento del bien y del mal. ¿De cuál escogerían comer Adán y Eva? Por supuesto, escogieron comer del árbol del conocimiento del bien y del mal. ¿Por qué? Ellos fueron tentados; querían ser como Dios, conocer el bien y el mal.

Podemos llamar a este árbol el árbol del juicio. En nuestro orgullo y autosuficiencia creemos que tenemos suficiente entendimiento e información para hacer justos y honestos juicios sobre cada situación. Instintivamente juzgamos gran parte del tiempo, y cuando lo hacemos, generalmente somos negativos, prejuiciosos e injustos.

Yo creo que el Espíritu Santo nos llama a dejar de juzgar. Necesitamos refrenarnos de juzgar situaciones y de juzgarnos unos a otros, y en lugar de eso bendecir y perdonar para que la vida pueda fluir.

Ted Haggard escribe que cuando participamos del árbol del conocimientodel bien y del mal, esto es, del árbol del juicio, siempre producimos acusación. Cuando nosotros acusamos, entramos en acuerdo con Satanás, el acusador de los hermanos. O es culpa de alguien más, o es nuestra culpa, pero alguien siempre sale culpable cuando abundan las acusaciones. Nuestro constante juzgar a otros nos hace ser negativos, negativos, negativos. Un continuo gemir por justicia está siempre siendo levantado a Dios.

Ahora que tú y yo hemos nacido de nuevo y fuimos llenos del Espíritu Santo, el árbol de la vida ha sido puesto nuevamente en el jardín de nuestro corazón. Si comemos del árbol de la vida, ¿qué sucederá? Nos edificará, nos animará. Dará vida a otros cuando nosotros bendecimos y no maldecimos, cuando perdonamos y no acusamos.

Estaba con el Pastor John Kilpatrick de las Asambleas de Dios en Pensacola, Florida, en mayo de 1996. John me describió cómo años atrás pasó mucho tiempo orando por las necesidades del ministerio de música de su iglesia. Él oraba: Oh Señor, quiero una orquesta. Caminaba por el área vacía de la orquesta. No tenía quién tocara los instrumentos, sólo el piano. Día a día se quejaba y le preguntaba al Señor: ¿Qué pasa con el cuerpo de Cristo? ¿Por qué no quieren servir? Estaba maldiciendo con sus palabras de juicio y condenación.

Un día el Señor le habló y le dijo: John, ¿por qué mejor no los bendices? El concepto le sacudió tanto que empezó a caminar por el lugar diciendo: Señor, bendigo el área de la orquesta. Bendigo a la gente que vas a traer. Señor, que tu favor venga sobre ellos. Bendigo sus corazones para querer tocar y adorar y servir al Rey de reyes y Señor de señores.

No pasó mucho tiempo antes de que viniera alguien y le dijera: Tengo una trompeta y sé tocarla un poco, no soy muy bueno, pero quisiera acompañar al piano, si fuera posible. John, asombrado, casi se cayó, pero dijo: ¡Claro! Y así, uno tras otro vinieron. Toda el área de la orquesta se llenó de músicos.

Lo más importante es que Dios le enseñó el valor de

bendecir y hablar palabras de vida. El resto es la historia del gran avivamiento que ha venido a su iglesia.

Es Muy Importante Hablar Vida y no Muerte

Recuerda el dicho: Es mejor encender una pequeña vela que maldecir a las tinieblas. Necesitamos hacer algo para llevar nuestros pensamientos cautivos. Debemos anhelar el cambio. Mi oración es: Señor, deseo que los números sean invertidos. Por lo menos, ayúdame a que sólo el veinte por ciento sea negativo y el ochenta por ciento positivo. ¿No deseas tú lo mismo?

Establece esto en tu corazón. El Espíritu Santo es siempre positivo y Satanás es siempre negativo. Esto al principio me parecía un exceso, pero, después de examinarlo por varias semanas, llegué a la conclusión de que era verdad. Aún cuando Dios nos corrige, siempre es de una manera positiva, y con la intención de darnos vida y redención. Así es su corazón.

Por otra parte, el enemigo es siempre negativo. *El ladrón no viene sino para hurtar y matar y destruir...* (Juan 10:10). Él es siempre el acusador, el destructor. Su intención es traernos culpabilidad, temor, desesperanza, pecado y acusación.

Si queremos llevar nuestros pensamientos cautivos a la obediencia a Cristo, necesitamos ser libres de la influencia que el enemigo tiene en nuestras vidas (2 Corintios 10:5).

Ted Haggard declara que el tomar parte del árbol de la vida, permitiéndole al Espíritu Santo llenarnos y fluir a través de nosotros, y bendecir y perdonar a nuestros semejantes siempre producirá inocencia. Donde no hay acusación no hay culpa. Adán y Eva eran inocentes hasta el día que comieron del árbol del conocimiento del bien y del mal. Haggard puntualiza que la unción del Espíritu Santo sólo fluirá a través de la inocencia. Esto me sacudió, pero sabía que era verdad.

No nos entretenemos mucho hablando de la gente que no está cerca de nosotros, como el hombre que anda por la calle o la mujer de otra ciudad. Las personas con quienes no tenemos una relación íntima generalmente no nos hieren o lastiman profundamente.

Las que nos afectan son las que están cerca de nosotros, nuestros padres, autoridades, pastores, maestros, empleados, amigos y todos aquellos de los que tenemos grandes expectativas. Estas personas tienen el potencial para herirnos. Por eso podemos caer en el patrón de juzgarlos y tener pensamientos malos acerca de ellos, y esto a su vez produce acusación.

LA LEY DEL JUICIO

El Espíritu Santo desea escudriñar y obrar de una manera profunda en nuestros corazones.

"No juzguéis, para que no seáis juzgados. Porque con el juicio con que juzgáis, seréis juzgados, y con la medida con que medís, os será medido" (Mateo 7:1-2).

¿Crees esta Escritura? Jesús lo dijo; yo lo creo y eso basta, ¿no? Lo que Jesús está diciendo es que si tú exiges justicia y restitución por los pecados cometidos en tu contra, entonces se te tratará a ti de la misma manera. De la manera que tratas a otros serás tratado tú.

Cuando entendí esta dinámica dije: Señor, quiero ser la persona más perdonadora, amorosa y comprensiva sobre la faz de la Tierra. No deseo recibir lo que merezco de parte de Dios, ni de Satanás ni de la vida.

El Señor me mostró hace algunos años este principio en la Escritura: La justicia es buena, pero la misericordia es mejor. La justicia es la ley de Dios. Si alguien me hiere, yo puedo herirlo. Si se hace un mal, debe ser reparado. Nuestro sentido de justicia entiende esto. Ojo por ojo, diente por diente, vida por vida. Muy, muy justo.

Si quieres justicia, entonces serás tratado bajo las mismas reglas. Es la ley de Dios, y es buena y justa, pero también es el lugar donde Satanás sobresale. Él es el más hábil fiscal, el máximo acusador. El problema es que ninguno de nosotros podríamos ser salvos, si recibiéramos la justicia que merecemos. Sin embargo, hay un lugar el cual Satanás no puede entrar y acusarnos. Este lugar es la gracia del Señor Jesucristo. El lugar de la misericordia, amor y perdón.

Es un lugar mejor y más alto. Si vivimos en la gracia y la misericordia, Satanás no nos puede seguir ahí, no tiene ningún derecho. ¿Sabías eso? Pero si pasas el ochenta por ciento de tu tiempo en el nivel de juicio y justicia, entonces el enemigo tiene derecho de ganarte el ochenta por ciento del tiempo. Mi clamor es: Señor, ayúdame a vivir más en la gracia de Dios.

"¿Y por qué miras la paja que está en el ojo de tu hermano, y no hechas de ver la viga que está en tu propio ojo? ¿O cómo dirás a tu hermano: Déjame sacar la paja de tu ojo, y he aquí la viga en el ojo tuyo? !Hipócrita! saca primero la viga de tu propio ojo, y entonces verás bien para sacar la paja del ojo de tu hermano (Mateo 7:3-5).

Parece como si tuviéramos rayos X para ver las deficiencias de los demás; no obstante, parecemos estar bastante ciegos a las nuestras. Entender esto es la clave principal para ser libres. Jesús nos dice: júzgate a ti mismo primero. Cuando uno anhela misericordia para sus propios pecados tiende a ser menos severo con los demás. Empieza a bendecir y no maldigas; te traerá una tremenda libertad.

Gastamos mucha energía reprimiendo nuestras iras, heridas y temores. Por lo regular no estamos conscientes de estas cosas en nuestro corazón. Pero, si vivimos en la gracia y la misericordia, soltando y perdonando a otros, conoceremos que su yugo es fácil y ligera su carga (Mateo 11:30).

La Ley del Sembrar y Cosechar

"*No juzguéis, y no seréis juzgados; no condenéis y no seréis condenados; perdonad y seréis perdonados. Dad y se os dará; medida buena, apretada, remecida y rebosando darán en vuestro regazo; porque con la misma medida con que medís, os volverán a medir*" (Lucas 6:37-38).

¿No es asombroso cuán a menudo vemos este principio de sembrar y cosechar sólo con relación a nuestro ofrendar y bendiciones financieras? Pero no está hablando meramente de nuestras finanzas, sino de cómo liberar la increíble gracia de Dios.

En Éxodo 20:5 vemos que la maldad de los padres alcanza a los hijos hasta la tercera y cuarta generación. Al ver patrones recurrentes de cosas negativas sucediéndonos podemos ver cómo el enemigo ha tenido acceso a nuestras vidas. El enemigo quiere mantener la maldición en las familias por varias generaciones.

Por ejemplo: un padre alcohólico tiene un hijo alcohólico, el cual a su vez tiene también un hijo alcohólico. O una joven que crece en un hogar con un padre alcohólico, jura que jamás se casará con un hombre alcohólico. Cinco años después de la boda, se dice a sí misma: No puedo más. Es un alcohólico; me golpea, maltrata a los niños. Es igual a mi padre. Y decimos: Señor, ¿qué le pasa a la gente? ¿No podrían prevenir eso?

Una increíble atracción magnética lleva a las personas a caer en las manos del enemigo. Es la ley de la justicia de Dios, y Satanás es el principal legalista. Él toma ventaja de la ley del sembrar y cosechar (Gálatas 6:7-8). Las personas hacen juicios sobre sus padres, juicios que le dan al enemigo el derecho legal de perpetrar el crimen. Pero el corazón de Dios está para perdonar y sanar.

¿Justicia o Misericordia?

Jesús tomó sobre sí mismo en la cruz todo lo que nosotros merecíamos. Cuando tú o yo decimos: Odio a mi padre alcohólico, cuando (justamente) lo culpamos o acusamos por las cosas que ha hecho y dicho, en realidad estamos clamando por justicia. Estamos haciendo un juicio enraizado en dolor y amargura. Cuando exigimos justicia, retrocedemos a un sistema legal que tiene autoridad para exigir justicia y restitución también de nuestros pecados. Es como darle al diablo la llave de la casa.

La única respuesta segura es: Señor permite que <u>haga</u> misericordia. Que la misericordia triunfe sobre el juicio (Santiago 2:13). Tú me has perdonado de todos mis pecados. Ahora que tú me has dado las llaves del reino, yo perdonaré a todo el que me deba algo o que me haya herido en cualquier manera.

Recuerda la historia de Mateo 18:23-35, en la cual Jesús nos habla de un gran rey que le prestó dinero a uno de sus siervos. La deuda del siervo llegaba a millones de dólares. Un día el rey lo llamó y le dijo: Págame lo que me debes. El hombre contestó: No puedo. Ten misericordia de mí, dame más tiempo y te pagaré. Pero el rey dijo: No, págame ahora. Véndanlo. Vendan su familia. Liquiden todo lo que tiene. Recuperaremos todo lo que se pueda.

El hombre se postró y le suplicó: Ten misericordia de mí. Entonces el rey dijo: Muy bien, nunca me podrás pagar la deuda, así que, olvídala. Vuelve a tus negocios. Te perdono la deuda. ¡Qué aliviado y agradecido debió estar ese hombre!

Jesús nos describe cómo, al salir de ahí, este mismo hombre halló a uno de sus consiervos y tomándole del cuello, le dijo: Págame los cincuenta dólares que me debes. Entonces su consiervo, postrado a sus pies, le rogaba diciendo: Ten misericordia de mí, dame tiempo y te pagaré todo lo que te debo. Mas él no quiso, sino que lo hizo echar en la cárcel hasta que pagase la deuda.

Le refirieron al rey lo que este hombre había hecho y mandándole llamar le dijo: Siervo malvado, tuve misericordia y compasión de ti y te perdoné tu gran deuda. ¿No debías de haber tenido tú misericordia de tu consiervo?

Aunque yo conocía esta historia, me veía tentado a razonar que yo no cometía pecados tan grandes como los demás. Había un dualismo en mi corazón -quería misericordia para mí, pero justicia en mi trato con los demás-. Ellos me hirieron, ellos me dijeron esto, me hicieron lo otro, ellos me deben y quiero que paguen. Pero, para mi persona, quería gracia y misericordia.

No podemos vivir de las dos maneras. Si quiero justicia porque alguien me hirió, entonces no puedo pedir misericordia para mí. Esto es lo que hizo el siervo malvado. Pero si yo trato de aplicar justicia, entonces salgo del área de la gracia y la misericordia, y entro a la de lo que es justo.

La verdad es que la gente hiere a la gente. Los padres hieren a sus hijos. Los hijos hieren a sus padres. Muchas personas han sido heridas por sus pastores. Muchos pastores han sido heridos por su gente. Esto sucede en todo el cuerpo de Cristo. Preguntamos a personas: ¿Cómo era tu padre? ¿Cómo era tu madre? ¿Cómo eran tus hermanos mayores? ¿Cómo eran contigo? Con frecuencia encontramos años de juicios contra ellos, de los cuales las personas no están conscientes. Y luego se preguntan por qué siguen en sus vidas los mismos patrones de dolor y rechazo.

He hablado con gente que ha tenido tres o cuatro accidentes automovilísticos y que se preguntan: ¿Qué está sucediendo? ¿Acaso tengo puesto un letrero que dice: Chóquenme? No, es la dinámica de sembrar y cosechar en acción.

El Señor dice que Él visitará la maldad de los padres sobre los hijos (Éxodo 20:5). Esta es la ley de Dios -una ley de justicia, una ley de sembrar y cosechar-. Satanás se encargará de que esta ley se cumpla cuando pueda usarla para destruir. El único lugar de escape y seguridad es la gracia y la misericordia del Señor Jesucristo.

El Lugar de Misericordia

¿Por qué no llegamos al punto de decir: Señor, perdono a todas las personas por todo, y dejamos nuestros reclamos por justicia y restitución? Dejemos las injusticias al pie de la cruz, y entonces la gracia y la misericordia de Jesús podrán ahora fluir a nuestras vidas. Entonces el amor cubrirá multitud de pecados (1 Pedro 4:8).

El reino de Dios no consiste en obedecer reglas y normas religiosas, sino en justicia, paz y gozo en el Espíritu Santo (Romanos. 14:17). Este gozo es algo que tú y yo tenemos al vivir y permanecer en el lugar de la misericordia.

CAPÍTULO 2

ESCOGER PERDONAR

¡Qué días tan maravillosos! Dios está bendiciendo abundantemente. Veo a muchas personas perdonándose unos a otros y arrepintiéndose unos para con otros. Al hacerlo, experimentan gran libertad, libertad para cumplir su destino en el reino de Dios.

Libre por Medio del Perdón

Cuando Carol y yo empezamos nuestra primera iglesia en Stratford, Ontario, Canadá, (el pueblo natal de Carol, población de 27 000 personas, donde todos se conocen), se nos llamó una secta y varios otros nombres por algunas de las otras iglesias. Éramos lo nuevo del pueblo. Como doce años después tuve el privilegio de ser invitado a hablar a un grupo de pastores cerca de Toronto en una de sus reuniones de distrito.

Un pastor se me acercó y me dijo: John, necesito pedirte perdón porque estaba tan equivocado. Pensaba que teníamos una franquicia exclusiva del reino de Dios. Yo creía que si algo no estaba sucediendo con nosotros, entonces no valía la pena que sucediera. Me duele tanto y quiero que me perdones. Este hombre anteriormente era pastor de una iglesia en Stratford y nos había criticado desde el púlpito.

Cuando le relaté esto a un antiguo miembro de su iglesia, un hombre que ahora estaba con nosotros en Toronto, se quebrantó y lloró al experimentar la sanidad de Dios en cuanto a esa situación.

Recientemente, un pastor de una de las iglesias más grandes de Toronto hizo una cita para verme. Me dijo: John, he venido a pedirte perdón. Le pregunté por qué, y él dijo: He dicho cosas terribles e hirientes acerca de ti y de tu iglesia, y lo que es más, acerca de este mover del Espíritu.

Me dijo que cuando yo originalmente lo invité a nuestra iglesia porque Dios nos estaba visitando, él había reaccionado negativamente y no quería saber nada con nosotros. Él había criticado el mover de Dios una y otra vez. Después oyó acerca del avivamiento en Pensacola, Florida, y viajó hasta allá para experimentarlo. Dios tocó su corazón y lo convenció de tal manera que ahora había venido a verme.

Fue tan conmovido que también vino a nuestro servicio dominical, el cual es para nuestra congregación, y pidió perdón a los miembros por hablar contra ellos y el mover de Dios. Él me confesó: John, necesitamos avivamiento desesperadamente. Yo sé que he contristado al Espíritu Santo al criticarte y no quiero más deudas pendientes en las regiones celestes. No quiero que Dios tenga ningún asunto pendiente conmigo. Quiero avivamiento para mi alma y para mi iglesia. Quiero que la bendición de Dios se derrame. Como consecuencia, una gran sanidad se dio entre nuestras dos iglesias.

¿Te preguntas por qué situaciones como estas están siendo sanadas? Dios está llamando a toda su Iglesia al lugar del arrepentimiento y perdón. Los cielos se están abriendo de par en par porque la gente está descubriendo que la misericordia triunfa sobre el juicio. Están dispuestos a hacer lo que mandó Jesús: perdonarse unos a otros, dar gracia unos a otros y amarse unos a otros. Queremos ver el perdón fluyendo en individuos, familias, iglesias, ciudades y naciones.

Santiago 3 nos recuerda que la lengua es muy poderosa. Cosas pequeñas como la lengua pueden tener gran influencia. Un caballo puede ser dirigido con un pequeño freno y un barco con un pequeño timón. Lenguas fuera de control son como veneno mortífero. Podemos decir cosas que son hasta cierto punto irreparables. Personas han sido profundamente heridas por palabras habladas en su contra. Yo oro: "Oh Dios, oh Dios, pon guarda sobre mi boca. Pon guarda sobre mis pensamientos. No quiero herir ni ofender".

No quiero que el Espíritu Santo tenga esa clase de asuntos pendientes conmigo. Una de las cosas que más contristan el corazón de Dios es toda la crítica en la vida de los cristianos. Nada detiene el avivamiento tanto como la crítica. Dios está llamándonos a un lugar de victoria, donde la misericordia triunfa sobre el juicio. Recuerda la gran deuda que tenías, la cual fue amorosamente saldada por Jesucristo.

Nuestra Deuda con Jesucristo

Piensa en el crimen más grande que jamás haya ocurrido en la humanidad, la atrocidad más grande de todas. No fue Hitler, ni Stalin ni ningún otro déspota culpable de asesinar a millones de personas. La más grande tragedia, el mayor crimen cometido por la humanidad fue cuando nuestros ancestros, judíos y romanos asesinaron al Hijo de Dios en una burda cruz hace dos mil años.

Considera quién era Jesucristo en verdad. No era sólo un buen hombre. Él era Dios el Hijo que vino a la Tierra donde sanó, enseñó, bendijo, dio y compartió de sí mismo. Manos inicuas lo clavaron a una cruz burlándose de Él por seis horas mientras se desangraba. Él lo soportó porque tenía que haber un pago expiatorio por nuestros pecados, y el inocente pagó las deudas de los culpables.

Es tu deuda y la mía que Él ha pagado. Fue nuestro pecado -tuyo y mío- que requirió su ejecución. Somos responsables de la muerte del Hijo de Dios. Nuestro pecado requirió su muerte y nosotros somos los hijos de quienes lo asesinaron. La mayoría de nosotros tiene por lo menos un par de gotas de sangre judía o romana.

A aquella deuda hemos añadido nuestras propias vidas de inmoralidad, nuestros pecados pornográficos secretos y relaciones adúlteras, nuestro robar, mentir, matar y criticar. Hemos amontonado sobre todo eso nuestras lenguas acusadoras y difamadoras, y nuestros propios juicios amargos contra nosotros mismos, y otros.

Así que tenemos una enorme deuda acumulada. Entonces venimos a Jesús diciendo: Señor quiero arreglar esto fuera del juzgado. No quiero esperar hasta el día del juicio y recibir lo que merezco. Yo te debo una gran suma y no la puedo pagar. Por favor ten misericordia de mí, perdóname. Y Él dijo: Hijo mío, hija mía, entra en la gracia y misericordia del Señor Jesucristo. Mi Hijo tomó tu lugar, tu deuda está saldada.

¡Qué dulce perdón vino! Fue como si nunca hubiésemos pecado; está completamente cubierta la deuda. Jesús murió en nuestro lugar y pagó toda deuda que tú y yo jamás tendremos. Fue el más grande sobrepago en toda la historia del universo. El Hijo de Dios canjeó su perfecta e inocente vida por los culpables. Dios el Hijo mismo pagó lo que tú y yo debemos. Nadie llega al cielo apenas; o entramos ampliamente o ni nos acercamos.

Dios entonces dice: Ahora, si quieres vivir recibiendo mi pleno perdón, tú debes ser perdonado. Ese es el trato. En otras palabras, yo no puedo pedir misericordia para mí y juicio (justicia) para ti. Es todo o nada. Es misericordia sin juicio o juicio sin misericordia. ¿Puedes verlo con claridad? Puedes recibir misericordia o justicia, pero no puedes tener ambas.

Escoge Perdonar

"...Padre nuestro que estás en los cielos, santificado sea tu nombre. Venga tu reino. Hágase tu voluntad, como en el cielo, así también en la tierra. El pan nuestro de cada día dánoslo hoy. **Y perdónanos nuestras deudas, como también nosotros perdonamos a nuestros deudores.** *Y no nos metas en tentación, mas líbranos del mal...* (Mateo 6:9-13, énfasis agregado).

¿Te has fijado en esto? Perdónanos como también nosotros perdonamos. De la misma manera que perdonamos, Señor, tú nos perdonas.

Toma nota particularmente de lo que Jesús continúa diciendo:

"Porque si perdonáis a los hombres sus ofensas, os perdonará también a vosotros vuestro Padre celestial; mas si no perdonáis a los hombres sus ofensas, tampoco vuestro Padre os perdonará vuestras ofensas" (vv. 14-15).

La elección es clara: misericordia o justicia. ¿Qué prefieres? ¿Quieres misericordia?

Antes de que te vuelvas paranoico o temeroso, ten en mente que la gracia de Dios nos ha sido dada para vivir de esta manera. Pero, creo que es un proceso y que existen muchas heridas, temores y penas en el cuerpo de Cristo que lo hacen más difícil. Algunas veces el dolor es tan grande que nos aferramos a nuestra herida.

La Trampa de la Autojustificación

Mateo 5:23 nos dice que cuando traemos nuestra ofrenda al altar y allí nos acordamos que tenemos algo en contra de nuestro hermano, debemos ir primero a reconciliarnos con él y entonces presentar nuestra ofrenda. Porque tendremos un corazón limpio.

Jesús nos habló del fariseo y del publicano (recolector de impuestos). El fariseo dijo: Dios, te doy gracias porque no soy como los otros hombres. Ayuno, oro y doy ofrendas. Hago todas estas cosas buenas para ti.

En cambio, el publicano vino con humildad y oró: ...*Dios, sé propicio a mí pecador*, no comparándose con nadie, sólo reconociendo su culpabilidad (Lucas 18:13). El Señor dijo que el hombre que había venido humillado se fue justificado, pero no el otro.

Permíteme traer esto a la práctica. Estando en Winnipeg, Canadá, prediqué sobre la gracia de Dios y el poder del perdón. Después del servicio vino a mí un hombre temblando y muy perturbado. Y me dijo: John, tú no entiendes lo que a mí me ha sucedido. Escuché toda su historia: Mi propio padre abusó severamente de mi hija de tres años de edad. Una agencia del gobierno estuvo involucrada y esto ha arruinado a nuestra familia. Ahora nuestra pequeña hija tiene pesadillas todo el tiempo. Además, mi papá lo niega. Toda la familia está enojada conmigo. Es una terrible tragedia, y ahora tú me dices que debo perdonarlo.

Yo le dije: Yo no te estoy diciendo que tienes que perdonarlo. Lo que te estoy diciendo es que la única manera de salir de tu prisión es perdonando y luego arrepentirte de juzgar. Tú puedes tener justicia, si tú quieres, pero si lo haces date cuenta que el enemigo verá que tú también recibas lo que mereces. Si tú puedes tratar con esto y deseas perdonar, Dios te dará de su gracia y de su ayuda al soltar tú todo el dolor. Entonces podrás permanecer en el lugar de la gracia y la misericordia.

Algunas personas han experimentado tragedias tan increíbles en sus vidas. Se dan cuenta de que fueron la víctima, pero no entienden que sus problemas recurrentes tengan algo que ver con sus pecados de juzgar. Eso es lo que es tan confuso.

Cuando las personas pecan, normalmente pecan contra alguien. Otros son heridos por ello. No es justo, ¿verdad?

Preguntamos: ¿Por qué permite Dios eso? Él lo permite porque nos ha dado libre albedrío. Tenemos libertad de hacer elecciones buenas o malas. Podemos elegir amar, o podemos elegir pecar. El libre albedrío es esencial al amor. Para que el amor fluya las personas deben tener la libertad de elegir. Puede ser que elijan estar cerca los unos de los otros y bendecirse mutuamente, pero lo hacen libremente. De otro modo serían meros robots.

Así que podemos escoger bendecir o herir (egoísmo y pecado). Podemos dar vida o muerte. Esa elección es la responsabilidad que acompaña el libre albedrío. Cada vez que alguien hace una elección equivocada o hace algo fuera del amor, se lastima a sí mismo o a alguien más -o a ambos-. Entonces tenemos lo que yo llamo el hacedor del pecado y la víctima del pecado.

Cuando uno es el hacedor del pecado, y el Espíritu Santo se lo recuerda, uno quiere misericordia, ¿no es así? Pero cuando somos la víctima del pecado, clamamos por justicia y a menudo nos llenamos de amargura. No reconocemos esto como una sutil trampa del enemigo. Si Satanás nos hace morder el anzuelo de esta manera, si logra que exijamos justicia, entonces él tendrá el derecho legal de traer a nuestras vidas toda la cosecha y castigo que merecemos.

Ese es el plan del enemigo. Eso es lo que le da poder y derechos legales. Sin embargo, Jesús, contra quien se cometió el crimen más grande de todos, no dijo: Padre, atrapa a estos asesinos y dales lo que se merecen. ¿Cuál fue el último clamor que salió de sus labios? ...*Padre, perdónalos, porque no saben lo que hacen* (Lucas 23:34).

Esta es la razón por la cual Hebreos 12 dice que la sangre de Jesús está clamando cosas mucho mejores que la sangre de Abel (v. 24). La sangre de Abel clama: Dios, véngame. Mi hermano me ha asesinado y me ha quitado la vida. (Génesis 4:10). No obstante, la sangre de Jesús está clamando: Dales misericordia, perdónalos, porque no saben lo que hacen. La misericordia triunfa sobre el juicio (Santiago 2:13).

El Suelo de la Era

Recientemente conversaba con un amigo; comentábamos el hecho de que con frecuencia cristianos maduros batallan para recibir sanidad; sin embargo, a menudo es fácil orar por inconversos y ver a Dios sanarles y hacer milagros en ellos. Puede uno orar por compañeros del trabajo o por un extraño en la calle, y Dios dará toda clase de respuestas milagrosas a oraciones para personas que no lo conocen. Pero algún santo querido que ha estado sirviendo al Señor por años no recibe nada cuando uno ora por él. ¿Por qué? Quizás tiene asuntos que requieren perdón y arrepentimiento, los cuales Dios le ha pedido repetidamente que los arregle, y por temor, orgullo, ira o dolor no los ha resuelto. Esto puede ser una clave para nosotros. Una respuesta a esta pregunta es revelada en 1 Corintios 11. Pero recuerda, este es sólo uno de los posibles factores, no te llenes de condenación.

"Porque yo recibí del Señor lo que también os he enseñado: Que el Señor Jesús, la noche que fue entregado, tomó pan; y habiendo dado gracias, lo partió, y dijo: Tomad, comed; esto es mi cuerpo que por vosotros es partido; haced esto en memoria de mí.

Asimismo tomó también la copa, después de haber cenado, diciendo: Esta copa es el nuevo pacto en mi sangre; haced esto todas las veces que la bebiereis, en memoria de mí. Así, pues, todas las veces que comiereis este pan, y bebiereis esta copa, la muerte del Señor anunciáis hasta que él venga.

De manera que cualquiera que comiere este pan o bebiere esta copa del Señor indignamente, será culpado del cuerpo y de la sangre del Señor. Por tanto, pruébese cada uno a sí mismo, y coma así del pan, y beba de la copa. Porque el que come y bebe indignamente, sin discernir el cuerpo del Señor, *juicio* come y bebe para sí" (vv. 23-29, el énfasis es mío)

Yo he leído ese pasaje por años pensando que sólo se refería a los elementos de la Santa Cena. Pero no sólo se refiere al cuerpo quebrantado de nuestro Señor Jesucristo, también se refiere a su cuerpo, la Iglesia. Somos su esposa, y su cuerpo es precioso para Él. Le contrista profundamente cuando hablamos en contra del cuerpo del Señor Jesucristo por hablar unos contra otros. Pablo continúa: *Por lo cual hay muchos enfermos y debilitados entre vosotros, y muchos duermen. Si, pues, nos examinásemos a nosotros mismos, no seríamos juzgados* (vv.30-31).

¡Qué poderosa palabra! Si reconocemos nuestros pecados de juzgar todo y a todos, y pedimos perdón, no seremos juzgados. Pero, por cuanto muchos de nosotros los cristianos estamos juzgando y condenando el ochenta por ciento del tiempo, yo creo que Dios nos ha llevado a la era. Creo que estamos en un tiempo crítico, de vida o muerte. Nuestras vidas se definirán en la era. Es el lugar de crisis.

Juan dijo: *...él os bautizará en Espíritu Santo y fuego* (Mateo 3:11). Quiero que sepas que su aventador está en su mano y Él limpiará por completo su era.

El Lugar de Gracia

El Señor quiere quitarnos esta paja de encima y libertarnos, quemar las cosas indeseables, para que con un corazón puro fluyamos en la gracia, amor y misericordia de Dios. Sabemos que la justicia es buena, y el mundo trata de vivir ahí. Yo le doy gracias a Dios por la justicia, por la policía, los juzgados y las leyes, pero hay un lugar más alto y mejor. Hay un lugar donde Satanás no puede seguirte, el lugar de la gracia del Señor Jesucristo. De esto se trata el cristianismo. Es aquí donde la vida y misericordia fluyen, para nosotros y para otros. ¿Sabías que cuando vives en la gracia eres invencible hasta que Dios haya terminado contigo? El enemigo no te puede seguir allí. ¿Cómo podría Satanás seguirte al lugar de la gracia de Dios? No hay gracia para él; a él no le toca más que la ley. Pero nosotros podemos vivir en la gracia y depender absolutamente de la habilidad del Espíritu Santo para guardarnos.

Jesús es absolutamente victorioso en todas estas áreas. Él derrotó a Satanás completamente. Jesús es Dios, que vino como hombre, pero como un hombre lleno del poder del Espíritu porque tenía el Espíritu sin medida (Juan 3:34). Por sí solo derrotó completamente a Satanás y todas sus huestes del infierno. Y nada ha cambiado. Todavía están derrotados. Sin embargo, le damos poder a Satanás cuando escogemos justicia en vez de misericordia.

Alguien un día me dijo que como cristiano ya no tenía derechos. Esto es absolutamente cierto. Los únicos derechos que tenemos son: el ser completamente perdonados, irnos al cielo cuando muramos, ser siervos de amor de Jesucristo y depender totalmente de Él para todo.

CAPÍTULO 3

LIBERTADOS DE LOS FRUTOS DEL JUICIO

(Carol Arnott)

"Mirad bien, no sea que alguno deje de alcanzar la gracia de Dios; que brotando alguna raíz de amargura, os estorbe, y por ella muchos sean contaminados" (Hebreos 12:15).

¿Cómo se aplica esto a nuestras vidas?

Cuando me convertí a Cristo aprendí acerca del perdón. Así que perdoné a mi madre, quien me había herido profundamente; le perdoné todo, pero me di cuenta que aun no la amaba. Volví a perdonarla y todavía no podía amarla. Así que lo hice una y otra vez pero no la amaba. Pensé: Señor, algo debe estar mal. ¿Qué está mal en mi perdonar?

El Juicio Nace de las Heridas

Mi mamá fue la menor de ocho hijos, la sexta mujer. La familia deseaba más hombres para trabajar en la granja, así que mi mamá no fue deseada. Fue solamente una niña más.

Ya que sus padres frecuentemente trabajaban en el campo, se suponía que sus hermanas la cuidarían. Pero siendo también niñas, a veces fueron muy crueles con ella. La mecían violentamente en su cuna. Cuando lloraba la encerraban en el ropero. Imagínate las heridas que estas cosas causaron en su corazón.

Siendo una niña yo no podía entender el dolor y el rechazo de mi madre. No sabía lo profundo de sus heridas. Yo sólo tenía que lidiar con su trato para conmigo. Cuando los niños hacen algo malo, cuando merecen una tunda, ellos lo saben. Pero cuando los niños son castigados por cosas que no hicieron, se dan cuenta de la injusticia. Quizás no demuestran su rebeldía, pero en sus corazones consideran a sus padres injustos y crueles. Eso es lo que me pasó a mí. En mi caso yo tenía mucho miedo de rebelarme, ya que si lo hacía hubiera sido severamente golpeada. Mi mamá tomaría el cinto de mi papá y me golpearía fuertemente; ahora eso sería llamado abuso. Yo tendría moretones y cicatrices en mi cuerpo, pero las marcas más profundas se quedaron dentro de mí. En mi corazón yo la odiaba, yo la juzgaba y la despreciaba.

Cuando me convertí a Cristo, me di cuenta que tenía mucho rencor en mi corazón y que necesitaba ser libre. Hice todo lo que pude, pero parecía que no podía cambiar mis sentimientos hacia ella. Pensé: Dios, hay algo que anda mal aquí. Una y otra vez lo intenté pero no podía cambiar mi corazón. No fue hasta que recibí una enseñanza de John y Paula Sandford, sobre juicios enraizados en la amargura, que lo pude entender.

¿Dice la Escritura, honrarás a tu padre y a tu madre sólo si son buenos cristianos y sólo si ellos hacen todo correctamente? Oh, oh, ¿no dice eso, verdad? ¿Desearía que dijera eso? No. Lo que dice es:

"Honra a tu padre y a tu madre, como Jehová tu Dios te ha mandado, para que sean prolongados tus días, y para que te vaya bien sobre la tierra que Jehová tu Dios te da" (Deuteronomio 5:16).

Contrariamente, en las áreas en que no les honras, no prosperarás. No los juzgamos en todas las áreas, por supuesto, pero sí los juzgamos y los deshonramos en las áreas en donde nos han herido y han sido negligentes.

Pensé: Bueno, Dios, yo no entiendo. La he perdonado. ¿Qué es lo que pasa? Y Él dijo: No la has honrado, has pecado al deshonrar a tu madre. Dios empezó a mostrarme que hay dos lados en este asunto. Necesitamos perdonar, sí, pero también necesitamos arrepentirnos de nuestro propio pecado de juzgar. Por un lado necesitaba perdonarla, y lo hice. Pero por el otro, no la honraba en mi corazón. La odiaba. La juzgaba.

Ese pecado era mío, no de ella. Mi reacción ante ella era pecaminosa, pero yo no lo podía ver. Satanás, siendo un legalista, fue a Dios y le dijo: Dios, Carol ha pecado aquí. Ella no se ha arrepentido de este pecado de juzgar a su madre, así que tengo el derecho legal de traer sobre su vida la ley de sembrar y cosechar.

Cosechar lo que se Siembra

¿Alguna vez has cultivado una huerta y plantado una semilla, de maíz, por ejemplo? Considera una planta de maíz, ¿cuántas semillas cosechas? ¿Una? No, cientos. Plantas una y obtienes cientos; esa es la ley del incremento. Por lo tanto, por medio de mis juicios sobre una madre dominante y controladora, yo levanté una cosecha a través de otras mujeres dominantes y controladoras en mi vida.

Yo sería controlada y manipulada, usada y herida por estas mujeres, y nunca podía ver venir los problemas. Cuando estos llegaban yo pensaba: Dios, ¿qué hice para que me sucediera esto? ¿Acaso tengo un letrero en mi espalda que dice: Ven, contrólame; ven, domíname?

Pues sí, yo tenía un letrero. En el reino espiritual yo tenía un letrero porque juzgaba a mi madre. La ley de sembrar y cosechar estaba siendo ejecutada por el enemigo.

Con el tiempo yo fui a ver a mi mamá. En ese momento ella ya era cristiana, y le dije: Mamá, acabo de recibir una enseñanza y me acabo de dar cuenta que he pecado contra ti. Te he juzgado. Te he odiado en mi corazón y de verdad quiero ser libre de estas cosa..

Ella dijo: Carol, yo no quiero hablar de esto, ya estoy muy vieja, han sucedido muchas cosas, no quiero que me vuelvas a mencionar esto otra vez.

Yo pensé: ¿Y ahora qué voy a hacer?

Dios Trae la Sanidad

El Señor dijo: Carol, ¿quieres ser sanada? Le dije: Sí Señor, quiero ser sanada.

Él dijo: Permíteme cavar en el jardín de tu corazón. No quiero que tú andes escarbando todo, preocupada, tratando de conseguir respuestas. Permíteme sacar a luz lo que tú has juzgado y que necesita ser resuelto. Yo dije: De acuerdo Señor, te doy permiso.

Entonces dije una oración general: Dios, yo reconozco que he pecado al juzgar a mi madre y no la he honrado. Señor, la perdono por todo lo que ella me ha hecho. Ella no me debe nada. Yo te pido tu perdón, y te doy permiso para mostrarme las áreas que necesito corregir.

Esa oración inició un viaje de tres años y medio de resolver asuntos de importancia en mi vida. Dios me recordaría diez, a veces quince incidentes de juicio al día -cosas que hacía mucho tiempo había olvidado-. Me enfrenté a situaciones de las cuales no había pensado desde el día en que sucedieron.

Yo oraría: Señor, pequé al juzgar a mi madre. La perdono por ese incidente. No la honré. La juzgué y la odié. Señor, la perdono. Por favor, Señor, perdóname por el pecado de juzgar a mi madre. Oré sin sentir gran cosa en mi corazón; nada emocional sucedía.

Yo veía a mi mamá quizá dos veces a la semana o más, y con mi mejor esfuerzo intentaba amarla. Le decía que la amaba y la abrazaba. Hacía lo mejor que podía.

Cuando llevaba como tres años en este proceso, un día visité a mi mamá. Cuando estaba a punto de irme, la abracé, le dije que la amaba y me despedí. Para mi sorpresa un maravilloso amor surgió en mi corazón hacia mi mamá. Supe que estaba sanada. Supe que Dios había hecho algo en mi corazón.

¿Sabes qué más? No sólo me sanó Dios a mí, sino que cuando solté a mi mamá, ella fue libre también. Ella es ahora mucho mejor, más libre y más cariñosa. Mi sanidad le permitió a Dios hacer una obra maravillosa en su vida aunque ella no fuera capaz de manejar estos asuntos por su dolor, falta de conocimiento y aplicación de la Escritura.

Dándole a Satanás los Derechos Legales

John y yo hemos pastoreado dos iglesias. Nuestra primera iglesia estaba en Stratford. La gente venía a mí para quejarse, pero nunca lo hacían con John. Ellos se sentían rechazados o abandonados, y venían y descargaban toda su negatividad sobre mí. Yo le decía a John cómo me trataba la gente, pero él no me escuchaba.

Si alguno de ustedes ha escuchado a John hablar acerca de mí, sabrán que me adora. Él me ama y yo sé que si alguien tratara de lastimarme, él me protegería. Pero cuando se trataba de la gente de la iglesia, parecía que no podía.

Yo iba y le contaba lo que me decían, entonces él me contestaba: Sólo estás celosa, o Estás reaccionando de más otra vez, o No lo tomes tan en serio. Yo quedaba deshecha. Preguntaba: Dios ¿qué es lo que me está sucediendo?

Entonces, cuando empezamos la iglesia en Toronto, adivina qué hizo la gente ahí. Ellos no iban a John con sus quejas: venían a mí. John no me defendía. Ni siquiera se ponía de mi lado ni escuchaba lo que ellos decían. Esto me estaba confundiendo.

Finalmente exclamé: Dios, ¿qué está sucediendo? ¿Qué estoy cosechando aquí? Y el Señor dijo: ¿Y qué acerca de tu padre? Esto me sacudió. ¿Mi padre? Mi padre es maravilloso. Lo amo, es cariñoso, es un caballero, adorable. No he hecho juicios en su contra.

El Señor me dijo: Claro que sí, lo has hecho. Yo dije: ¿Lo he juzgado? ¿Qué juicios? El dijo: Juzgaste a tu padre por no protegerte de tu madre.

Esos juicios le dieron al enemigo los derechos legales, que trajeron como resultado que el principal hombre en mi vida, John, no fuera capaz de protegerme de mi mamá iglesia. La iglesia entonces podía tirar toda su basura sobre mí. John no podía defenderme. La leyes del juicio, y de sembrar y cosechar, le daban al enemigo lo que él necesitaba.

Yo pensé: ¡Señor! ¿Puede ser posible esto? Yo era nueva en esta clase de enseñanza. Me parecía tan extraño. Entonces fui a hablar con una amiga y le dije: Creo que esto es lo que Dios me ha estado diciendo, quiero confesártelo. No se lo voy a decir a John.

Sólo voy a perdonar a mi padre por no protegerme ni defenderme de mi madre. Lo voy a soltar y perdonar, y también voy a perdonar a John por no defenderme ni protegerme de la gente de la iglesia. Le voy a pedir a Dios que me perdone por juzgar a mi padre y a John.

Le pedí al Señor que pusiera la cruz de Jesús entre mi corazón y la ley de sembrar y cosechar, y lo dejé todo ahí.

Dos meses después hubo otro incidente. Una mujer vino a hablarme y descargó toda su basura sobre mí. Se lo relaté a John e inmediatamente dijo: Vamos a llamarla a la oficina. Él la llamó, me defendió y resolvió la situación. Fue asombroso. John ha sido así desde ese día.

Mis juicios le habían dado a Satanás el derecho legal de atar a John e impedirle ser mi protector.

Si hay áreas en tu vida donde cosas negativas se repiten;

si hay áreas donde eres incapaz de amar a alguien como debieras; mira hacia atrás y di: Espíritu Santo, ¿me muestras, me revelas si yo he juzgado a alguna persona importante en mi vida? ¿La he deshonrado? Quizá no estés consciente de tu enojo, dolor y emociones. Quizá no tengas registro de haber juzgado a alguien, pero si hay frutos negativos que se repiten en tu vida, generalmente hay un juicio basado en amargura, enojo o herida que le da acceso al enemigo. Recuerda que no será en todas las áreas de tu vida, pero va a ser en las áreas donde has sido lastimado y herido.

LIBERTADO

El Señor ha venido a libertar a los cautivos, a vendar a los quebrantados de corazón, a abrir las puertas de la cárcel (Isaías 61:1). Él ha venido a hacer esto, no sólo por mí sino por todos nosotros.

Yo creo que el enemigo nos ha tenido cautivos y ha mantenido a gran parte del cuerpo de Cristo en tinieblas, cuando el Señor tiene disponible una manera de liberar y perdonar. Satanás trata de ocultar esta verdad del cuerpo de Cristo. La Biblia dice: *Mi pueblo fue destruido porque le faltó conocimiento...* (Oseas 4:6).

En mi propia vida esta verdad ha significado para mí más que un millón de dólares. Ha significado libertad y sanidad. Dios me ha hecho libre, y es una libertad gloriosa.

CAPÍTULO 4

ES TIEMPO DE PERDONAR

(JOHN ARNOTT)

Ahora podemos entender lo que significa la Escritura cuando dice: *Y a ti te daré las llaves del reino de los cielos; y todo lo que atares en la tierra será atado en los cielos; y todo lo que desatares en la tierra será desatado en los cielos* (Mateo 16:19).

Es tiempo de quitarle esas llaves al enemigo reconociendo dónde tenemos asuntos pendientes, deudas y juicios que están profundamente enraizados en dolor y amargura. Necesitamos descubrir las áreas donde estamos clamando por la justicia de Dios y resolverlas a través del perdón y el arrepentimiento. Retener heridas y juicios es un lujo que no te puedes dar. Es como darle a Satanás la llave de tu casa.

Soltando a Otros a Través del Perdón

Se nos ha dado un tesoro. Cuando dimos nuestras vidas a Jesús nos fuimos de la nada al todo. Se nos ha perdonado una enorme deuda de pecado, y Dios ahora está diciendo: Lo menos que puedes hacer es perdonar a tus consiervos, tus padres, tus hermanos.

Conozco mujeres cuyos hermanos literalmente las torturaban cuando eran chicas. Te pueden haber sucedido cosas que te hagan odiar a los hombres, o a las mujeres.

A veces, las tragedias de la vida son tan serias y severas que no nos podemos imaginar soltándolas, especialmente con una sencilla oración. A veces la herida es muy reciente y necesitamos más tiempo.

Una de las razones por las cuales el apóstol Pablo tuvo una conversión tan sobresaliente fue porque un hombre llamado Esteban, cuando lo estaban apedreando, entendió este principio y clamó: ...*Señor, no les tomes en cuenta este pecado* (Hechos 7:60).

Quizás los ojos del joven Saulo de Tarso se encontraron con los de Esteban en ese momento. Por cuanto Esteban perdonó, no hubo nada atado en los cielos, ninguna entrega de llaves y derechos al enemigo para que él pudiera legalmente retener a ese joven, Saulo. Luego Dios intervino poderosamente y Saulo tuvo una dramática conversión. Hoy lo conocemos como Pablo, el apóstol a los gentiles.

Debemos dar a otros un regalo que no merecen cuando sin duda hemos sido víctimas de sus pecados, heridos y abusados por ellos. Sí, hay una deuda no saldada. Nos deben, pero podemos darles un regalo no merecido -nuestro perdón-. Podemos entrar en la misericordia de Dios y decir: Quiero que la misericordia triunfe sobre el juicio. Esto es lo que Dios está pidiendo.

La gracia del Señor Jesucristo es más que suficiente para mí. Voy a dar un regalo de perdón a aquellos que me han herido y han pecado contra mí. Les voy a dar un regalo que no se merecen -mi perdón- así como mi Padre celestial me ha dado un regalo que no merezco -su perdón. Quiero misericordia para mí, no la justicia que merezco. Por lo tanto, elijo perdonar a todos. Los misericordiosos son los que reciben misericordia.

A veces se requiere algo de tiempo, como dijo Carol, para darle al Espíritu Santo permiso para sacar a luz los asuntos pendientes. Pero Dios quiere hacernos un pueblo libre, feliz y lleno de gozo. No tenemos el tiempo o la energía para mantener reprimidas todas nuestras heridas, iras y temores que el enemigo trae a nuestras vidas a través de la ley de sembrar y cosechar.

Recuerda, Satanás opera por medio de derechos legales. Necesitamos abandonar nuestros derechos, rindiéndonos y diciendo: Señor, quiero hacer las cosas a tu manera. Podemos ser como Jesús y Esteban, quienes dijeron: No les tomes en cuenta este pecado. Digámosle a Dios: Los perdono, y te pido que me perdones por juzgarlos en amargura y dolor, y por exigir que se hiciera algo al respecto.

Recuerda que no estoy hablando de situaciones en las cuales se requiere aplicar corrección pastoral en amor. Estoy hablando de aquello que está envenenando tu corazón, áreas donde literalmente le estás dando a Satanás acceso a tu vida, permitiéndole entrar y traer destrucción a su antojo.

Hay un lugar de reposo cerca del corazón de Dios. Hay un lugar bajo la sombra del Omnipotente. Hay un lugar en la cruz de Cristo donde la misericordia triunfa sobre el juicio y uno puede entrar en la gloriosa libertad de los hijos de Dios. Es el lugar de gracia y misericordia.

No te voy a poner un revólver en la sien y obligarte a perdonar. Eso no funciona. Se nos han dicho cosas como: Pues no importa lo que te hayan hecho. Si eres cristiano, ¡tienes que perdonar! No, no tienes que perdonar. Puedes retener las ofensas si quieres, pero debes estar consciente de las dinámicas involucradas.

Tú tienes derecho a la justicia, pero cosecharás lo que has sembrado. También recibirás la justicia que mereces en vez de misericordia. Cuando yo entendí esto, comprendí lo que quiso decir Jesús cuando dijo: *Bienaventurados los misericordiosos, porque ellos alcanzarán misericordia* (Mateo 5:7).

Deja Fluir el Perdón

Creo que la Palabra de Dios ha penetrado tu corazón como una espada, y que el Espíritu Santo te tiene en la era donde Él quiere eliminar algo de esta paja de tu vida. ¿Habrá algunas personas a las que necesitas perdonar?

Permíteme dirigirte en una oración. Por favor no te afanes. Quizás digas: Diré las palabras, pero no de corazón. Está bien, siempre y cuando en tu corazón también digas: Señor, ayúdame a vencer. Produce el querer rendirme. Dios honra eso. También le vamos a pedir a Dios perdón por el pecado de juzgar a otros y pedirle que amorosamente nos recuerde cuando volvamos a caer en pensamientos negativos.

Bendigamos y no maldigamos, y demos regalos no merecidos a la gente para que seamos vasos de honor y misericordia. Conviértete en un odre nuevo que retendrá el vino nuevo y el aceite del Espíritu Santo, permitiéndote caminar en libertad y amor.

Pero antes de dirigirte en esta oración, tomemos un momento para esperar en Dios. Permite que Él te cubra con la presencia del Espíritu Santo. Invítalo a venir sobre ti de una manera fresca. No intentes hacerlo en tus fuerzas religiosas o por tu fuerza de voluntad. Quiero que sepas que, sin la ayuda del Espíritu Santo, no lo podrás hacer. Algunos de los crímenes cometidos en tu contra son demasiado grandes.

Algunos han sido tan abusados. Las circunstancias que han atravesado y las cosas que les han pasado nunca estuvieron en el corazón del Padre. Nunca. Provinieron del pecado que está suelto en el mundo y de sus propias elecciones equivocadas, así como también de otros que les han herido. Dios no es responsable de los pecados del hombre.

Podemos derrotar al enemigo. Podemos asegurar que los pecados de los padres no pasan a los hijos hasta la tercera y cuarta generación. Porque si no tratas con tus juicios legalistas y entras en la gracia y misericordia, la Biblia dice que esos problemas pasarán a tus hijos (Éxodo 20:5). El jefe de legalistas, Satanás, se encargará de ello.

Oremos Juntos:

Padre, te adoramos. Venimos a ti y reconocemos nuestra necesidad. Te pedimos que venga la presencia de tu Espíritu Santo y nos ayude. Escogemos misericordia en vez de juicio. Queremos dar regalos de perdón a aquellos que nos lastiman y a aquellos que no los merecen. Queremos derrotar al enemigo y quitarle sus derechos legales de dañarnos.

Padre, elijo perdonar a los que han pecado contra mí y me han herido tan profundamente. Perdono a mi madre. Perdono a mi padre. Perdono a mis hermanos. Perdono a mis hermanas. Perdono a mi marido. Perdono a mi mujer. Perdono a mis patrones, mis pastores, mis amigos y a todos los que han pecado contra mí. Les doy el regalo del perdón incondicional. No me deben nada. Confío que Dios lo tornará para bien (Romanos 8:28).

Señor, también me perdono a mí mismo por mis fracasos y errores. Lo suelto todo.

Señor, ahora quiero confesar mis pecados. He juzgado en ira y amargura a aquellos que he mencionado. Quiero ser libre. Perdóname, Padre, por deshonrar a mis padres, mi pastor, mis amigos. Perdóname por convertirme en parte del problema en vez de ser parte de la solución. Fue mi orgullo lo que exigía justicia.

Señor, quiero ser libre. Quiero romper el dominio del enemigo en mi vida. Pongo la cruz de Cristo entre mi corazón y todo lo que me tocaba cosechar de la ley de sembrar y cosechar. Te doy permiso, Espíritu Santo, de sacar a luz cualquier asunto específico que tú quieras, para que yo pueda perdonar específicamente y arrepentirme específicamente, porque yo elijo misericordia en vez de juicio.

Rompo todas las cuentas por cobrar y las echo al pie de la cruz. Tu gracia es suficiente para mí. Lo que yo suelte en la Tierra será desatado en el cielo, y yo lo suelto todo en tus poderosas manos. Te doy permiso ahora, Señor, de moverte poderosamente en mi vida. En el nombre de Jesús. Amén.

Ahora, permíteme orar una oración de autoridad y una declaración sobre ti:

"Padre, yo le quito al enemigo el derecho sobre las vidas de estas personas. Satanás, yo rompo tu dominio generacional sobre el pueblo de Dios. Te ordeno que los sueltes y los dejes ir en el poderoso nombre de Jesús, el santo Hijo de Dios. Libéralos, por la sangre de Jesús que nunca ha perdido su poder. Te pongo en libertad, mujer de Dios. Te pongo en libertad, hombre de Dios. Te pongo en libertad, hijo de Dios. La misericordia ahora triunfa sobre el juicio.

Aparto de ti todos esos temores controladores, ira controladora, rechazo y todo dominio del enemigo, en el nombre de Jesucristo. Te libero para que alcances tu pleno potencial en Jesucristo, tu Señor y Salvador. El León de la tribu de Judá ha triunfado sobre todo el poder del enemigo. Ponemos al enemigo bajo nuestros pies y subimos a la gracia de Dios. En el fuerte y poderoso nombre de Jesús. Amén".

"*Y perdónanos nuestras deudas, como también nosotros perdonamos a nuestros deudores*" (Mateo 6:12).

Esteban Hill

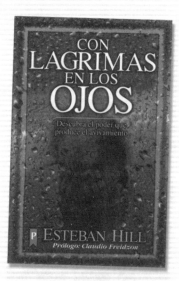

Dentro de cada hombre y cada mujer hay una fuente tan tremenda que produce su propio lenguaje... el lenguaje de las lágrimas. Este se libera cuando finalmente vemos la realidad de quienes somos en relación con Dios.

Si quieres que se produzca el avivamiento en tu vida, en tu familia y en tu ciudad, debes responder al llamado de Dios y llorar. Si estás perdido, es hora de que llores arrepentido. Si eres salvo, es hora de que llores por la cosecha.

John Arnott

Un maravilloso derramamiento del Espíritu Santo se está produciendo en la iglesia de *John Arnott*, en Toronto, Canadá. Probablemente usted haya oído hablar de ella como "la bendición de Toronto". Gracias a Dios, no está limitada a Toronto, y esta es su oportunidad de experimentarla por usted mismo.

Con extraordinarios testimonios originales y una sana visión teológica, el autor le hablará a su corazón y le mostrará cómo usted puede experimentar un fresco mover del Espíritu Santo en su vida.

Rick Godwin

¿Están operando en su vida las tácticas encubiertas del diablo?
En la actualidad, muchos cristianos no se dan cuenta de la sutil influencia de la hechicería en sus vidas. Satanás es un hábil manipulador, que desea despojar a la iglesia de su poder. Él sabe que su destino final implica pasar la eternidad en el lago de fuego, y hará cualquier cosa por prolongar su influencia en el mundo y en la iglesia. Las operaciones encubiertas de Satanás están aumentando más que nunca en esta época, y necesitamos aprender a identificar sus influencias en nuestras vidas.

Si deseas permanecer en la mediocridad y los rituales desprovistos de poder, ¡no leas estas páginas! Estos conceptos bíblicos te desafiarán para que crezcas en un estilo de vida realmente espiritual, el que Jesús enseñó para todos sus discípulos. *Rick Godwin* provoca una tremenda convicción, pero también trae una tremenda motivación para que seamos todo lo que Dios nos ha llamado a ser.
En *"Preparados para reinar"*, serás desafiado a subir un nivel superior en tu andar con el Señor.

John Maxwell

Citas de inspiración para la vida diaria

LaMar Boschman

El corazón de un verdadero adorador le dará energía y vigor a su vida de adoración, cambiará para siempre la manera de ser, su potencial, habilidad y llamado a adorar. Usted descubrirá: cómo instalar la pasión y el poder de la adoración en su vida; las llaves para renovarse en Dios; el por qué los creyentes deben adorar; una sección especial para pastores y ministros de alabanza; el avivamiento de la adoración que ha estado en proceso por dos mil años. Será estimulado y encontrará propósito en su vida de adoración.

Pasión por su presencia explica la diferencia entre la omnipresencia y la presencia manifiesta de Dios. Este libro guía al lector para que pueda cumplir su deseo de vivir en comunión con Dios.

Muchos hombres de la Biblia que experimentaron esta presencia sintieron un profundo deseo de permanecer allí. Ellos son un ejemplo para nosotros. Aún hoy podemos experimentar la presencia de Dios en una dimensión similar a la que vivió Adán, Moisés o David.

Aunque parezca increíble: ¡gran parte de las Escrituras fueron originalmente cantas, no habladas! Imagínate escuchar a los hombres como Moisés, David, Salomón e Isaías cantando sus profesías, ¡Dios está restaurando esta forma de profetizar en la actualidad!

La canción profética es una lectura recomendada para todos los adoradores, músicos y pastores. Te impartirá una nueva visión de lo que Dios desea lograr hoy por medio de la música.

ALÍSTESE DETRÁS DE ESTOS GENERALES, Y CAMINARÁ CON EL ESPÍRITU SANTO

John Alexander Dowie

Charles Parham

William Branham

Maria Woodworth-Etter

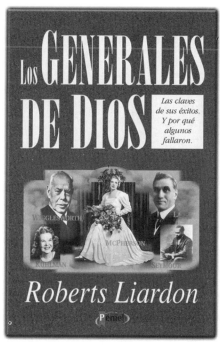

Smith Wigglesworth

Kathryn Kuhlman

William Seymour

Evan Roberts

Roberts Liardon captura el entusiasmo y dinamismo espiritual de doce hombres y mujeres de Dios. En los capítulos encontrará eventos que cambiaron la cara de la iglesia en los últimos años del siglo XIX y en los comienzos del XX.
Descubra los principios de estos poderosos guerreros, las luchas que soportaron, y las batallas que ganaron al derramar Dios su Espíritu.

**Las claves de sus éxitos.
Y por qué algunos fallaron.**

Peniel

TAPA DURA
Edición de Colección